MÜNSTERSCHWARZACHER KLEINSCHRIFTEN

herausgegeben
von Mönchen der Abtei Münsterschwarzach

Band 34

Catherine de Bar

Du hast Menschen an meinen Weg gestellt

VIER-TÜRME-VERLAG MÜNSTERSCHWARZACH
1986

Catherine de Bar

Du hast Menschen an meinen Weg gestellt

VIER-TÜRME-VERLAG MÜNSTERSCHWARZACH
1986

CIP-Kurztitelaufnahme der Deutschen Bibliothek
Bar, Catherine de:
Du hast Menschen an meinen Weg gestellt /
Catherine de Bar. Einf. von Johanna Domek. –
Münsterschwarzach : Vier-Türme-Verlag, 1986.
(Münsterschwarzacher Kleinschriften; Bd. 34)
Einheitssacht.: A lê écoute de Saint Benoit ‹dt.›
ISBN 3-87868-223-9
NE: GT

Auswahl aus: Catherine de Bar,
A l'Ecoute de Saint Benoit, Rouen 1979,
übersetzt und eingeführt von Sr. Johanna Domek OSB

Gesamtherstellung: Vier-Türme-Verlag, D-8711 Münsterschwarzach

ISSN 0171-6360
ISBN 3-87868-223-9

Inhalt

Einführung

Die Suche nach geistlicher Führung ist groß. Viele Menschen halten Ausschau nach einem, der den inneren Weg begleiten kann. Allein durchzuhalten finden sie oft nicht genug Kraft und Sicherheit. Und gerade jene, die Schritt für Schritt weitergehen wollen – gedrängt, gezogen, beunruhigt, auf den Weg gebracht und gelockt von einem Ruf, der ihnen immer voraus ist – spüren meist deutlich, daß sie Hilfe brauchen, um auf dem Weg zu bleiben. Alleine kann man das nicht.

Hilfe, das meint hier den Dialog mit einem Menschen, den Gott das Unterscheiden gelehrt hat, der einerseits die großen Zusammenhänge sieht und andererseits geduldig hilft, das naheliegende Konkrete zu beginnen. Er kennt sich schon ein wenig mehr aus in den verschiedenen Gegenden und Landschaften, die das Leben und Gott für einen bereithalten, in denen man geläutert und reif wird, und die es zu durchwandern gilt.

Denn darum geht es ja, wie einer konkret leben kann mit seiner Erfahrung von dem Licht und der Dunkelheit Gottes, und das nicht bloß eine Weile oder stundenlang, sondern ein ganzes Leben hindurch.

Dieses „ganze Leben" meint nicht nur eine Zeit von vielleicht vierzig, fünfzig oder sechzig Jahren. Es umfaßt auch alle Räume und Winkel unseres Wesens, die mithineingenommen werden wollen in die erlösende Begegnung mit dem lebendigen Gott und – das gehört christlicherseits unverzichtbar hinzu – die nach und nach alle in Dienst genommen werden von dem lebendigen Gott, der uns entgegengekommen ist in Jesus Christus.

Zwei Grundhaltungen sind für den Weg in der Nachfolge Jesu Christi kennzeichnend, die Offenheit für die Begegnung mit Gott, so wie e r uns begegnen will, und die offene Bereitschaft zur Begegnung mit den Menschen, mit denen dieser Gott uns zusammenführt.

Eine positive Begegnung enthält in ihrem Wesenskern die Bereitschaft sich zu geben.

Aber so klar und einfach das im Grunde sein mag, im Alltag geht es meist verwickelt zu. Viele Impulse und Widerstände treffen dort aufeinander. Und glücklich der Mensch, der einen andern findet, der hilft weiterzugehn.

Nach geistlicher Führung wird auch häufig in unsern Klöstern gesucht. Das Gespür ist schon richtig: wo Menschen versuchen sich ganz auf Gott und eine Gemeinschaft einzulassen, da müßte es doch so etwas in irgendeiner Form geben.

Von den Ursprüngen des christlichen Mönchtums an wurde eine solche Begleitung und Führung im Bild der geistlichen Vaterschaft gesehen. So wie Männer und Frauen Generation um Generation Leben weiterschenken und daran zu Vätern und Müttern werden, so schenkt auf einer anderen – jedoch nicht weniger wirklichen – Ebene der geisterfüllte Mensch das Leben weiter, das er selbst als Geschenk erhielt. Denn der Geist wird einem immer für den anderen geschenkt, er ist auf den Aufbau der Gemeinschaft bezogen.

Und wie der Mensch besonders in den frühen Jahren, wo Grundlegendes für sein ganzes weiteres Leben geschieht, mütterliche und väterliche Zuwendung und Hilfe braucht, so auch beim geistlichen Weg. Dabei weist alle unsere mütterliche und väterliche Zuwendung und Liebe auf Gott hin wie ein Spiegel.

So ist es mit dem Licht nun einmal, wir sehen es nur gebrochen, wie die Dinge es widerspiegeln, wir sehen nur Farben, nicht Licht. Und auch jeder spiegelt selbst das Licht nur gebrochen, farbig und bunt.
Aber auch umgekehrt, wo wir Farben sehen und widerspiegeln, sind wir dem Licht ganz nahe, ja es berührt uns schon.

„Männlich" und „weiblich", „väterlich" und „mütterlich" sind zum Beispiel Chiffren für solche Farben und Brechungen des einen Lichtes, die für unser Leben von existentieller Bedeutung bleiben. Wohl trägt jeder, ob Mann oder Frau, beide Elemende in sich, und beide wollen in einem jeden zueinanderfinden, doch spiegeln wir auch in dieser Hinsicht das Licht ganz verschieden stark. Gott hat uns bunt gewollt!

In unserm Zusammenhang sind diese Gedanken aus folgendem Grund wichtig: Viele Menschen müssen ihren Weg weitgehend ohne direkte persönliche Begleitung finden und beschreiten. Sie brauchen notwendig andere Hilfen, zum Beispiel das geschriebene Wort. Es gibt inzwischen die eine oder andere Veröffentlichung, in der das Thema der geistlichen Vaterschaft und der Begleitung aus brüderlicher und väterlicher Sicht dargelegt wird.

So gut und richtig das auch ist, scheint es mir doch wichtig, die weiblichen Elemente der geistlichen Führung zum Tragen kommen zu lassen. Es kann nur eine Bereicherung sein und, wie ich meine, für manche Menschen eine Hilfe, wenn die nötige Weisung und ein Impuls zum praktischen geistlichen Leben sie auch als mütterliches Wort erreicht.

Die Schriften der Mutter Mechtilde de Bar enthalten viele Zeugnisse geistlicher Begleitung. Zwar bleibt jeder Dialog, wenn er gelingt und konkret ist, gebunden an die Menschen der jeweiligen Zeit – das gilt es zu beachten –, doch sind etliche Schritte auf dem Weg, den zu gehen einem jeden aufgegeben ist, dieselben in jeder neuen Generation.

Deswegen sind im Folgenden vornehmlich solche Texte ausgewählt worden, die sich mit den immer wieder anstehenden Themen des geistlichen Weges befassen. Andere, in denen mehr das Besondere der Zeit und theologische Ansätze zum Ausdruck kommen, wurden zurückgestellt.

Mögen die Mehrzahl der Texte auch an eine oder mehrere Nonnen gerichtet gewesen sein und sich auf eine monastische Spiritualität beziehen, so werden doch Wahrheiten deutlich, die ebenfalls für Menschen in andern Lebensformen gelten.

Für ihre Hilfe und Mitarbeit bei der Übertragung der Texte danke ich meinen Schwestern Veronika Krienen OSB und Theresia Lanfermann OSB, sowie Frau Erika Schäfer.

Die unter dem Text angegebene Nummer bezieht sich auf das französische alphabetische Verzeichnis der Gesamtwerke von Mutter Mechtilde de Bar. Die Texte wurden dem Buch „Catherine de Bar, A l'Ecoute de Saint Benoit“, Rouen 1979 entnommen.

Lebensweg

Denken, Sprechen und Tun eines Menschen geschehen nicht in einem luftleeren, zeitlosen Raum, sondern immer im dialogischen Zusammenhang mit seiner konkreten persönlichen und kollektiven geschichtlichen Situation. In diesem Kontext wächst, kämpft und reift ein Mensch, stellt seine Fragen und findet aus den vielen möglichen seine Antworten.

Ein Blick auf den geschichtlichen Hintergrund wird hilfreich sein, Worte und Wesen der Mutter Mechtilde zu verstehen und einzuordnen.

In ihr begegnet uns ein Mensch, der in seinem lebendigen, existentiellen Dialog mit seiner Zeit steht, inmitten der politischen, geistlichen und religiösen Strömungen, die im Frankreich des 17. Jahrhunderts so stark miteinander ringen.

Am 31. Dezember 1614 wird sie im Herzogtum Lothringen in eine tief religiöse Juristenfamilie hineingeboren und auf den Namen Catherine getauft. Sie ist vier Jahre alt, als der Dreißigjährige Krieg beginnt. Dieser Krieg mit seinen Folgen ist es, der über vierzig Jahre die Stationen ihres Lebensweges bestimmt, der sie immer wieder zur Flucht zwingt, immer neu zu Aufbrüchen drängt, sie immer weiter suchen läßt.

1631 tritt Mutter Mechtilde bei den Annunziaten zu Bruyères ein, und sie ist noch Novizin, als dort die Pest ausbricht. Die Pflege ihrer Mitschwestern wie auch die seelische Belastung führen sie bis an die Grenze ihrer Kraft. Bei all dem fällt sie wegen ihres Gehorsams, ihrer Demut und Konsequenz auf, und bereits zwei Jahre später, nach der Profeß (1633) wird sie, noch nicht zwanzigjährig, mit der Leitung der dortigen Gemeinschaft betraut.

Die Spiritualität der Annunziaten war inspiriert von den sogenannten Mystikern des Nordens – wie Tauler, Ruysbrock und Seuse – und der Bewegung um den berühmten Kapuziner Benedikt von Canfeld.

Im gleichen Jahr überfallen die französischen Truppen, die sich unter Kardinal Richelieu mit den protestantischen Schweden verbünden, Lothringen, das es mit der Gegenpartei der Österreicher hält. Die Schwestern werden zur Flucht gezwungen. Not und Elend des Krieges treiben die junge Oberin und ihre Gemeinschaft von Ort zu Ort, bis sie schließlich bei den Benediktinerinnen von Rambervillers Asyl finden. Dort lernt sie zum erstenmal das benediktinische Leben kennen.

Die dortige Gemeinschaft ist erst vor kurzem gegründet worden und gehört der Reformkongregation von St. Vannes an, die, nach einer Zeit des monastischen Niedergangs, erfolgreich Impulse zur Erneuerung des benediktinischen Mönchtums gegeben hat.

Während dieser Zeit reift in Mutter Mechtilde der Entschluß, den Orden zu wechseln. Nachdem die nötigen Erlaubnisse der Obern schließlich vorliegen, beginnt sie das Noviziat als Benediktinerin von Rambervillers und legt am 11. Juli 1640 ihre Profeß ab. Bereits zwei Monate später wird die Stadt von den Schweden verwüstet, und wieder beginnt eine Zeit der Vertreibung.

Diesmal sind es die Benediktinerinnen der Abtei von Montmartre (Paris), die Mutter Mechtilde nach einer Zeit bitterer Not aufnehmen. Dies ist ein weiterer wichtiger Abschnitt in ihrem Leben. Hier erlebt sie einige Monate ungestörter, fruchtbarer Stille und intensiver Begegnungen, zum

Beispiel mit der Äbtissin Marie de Beauvilliers, unter deren Führung das Kloster aufgeblüht war.

Diese Abtei wußte sich stark den benediktinischen Traditionen des Mittelalters verpflichtet, blieb dabei aber offen für andere geistliche Strömungen der Zeit, zum Beispiel der des Benedikt von Canfeld, in der die Vereinigung des Willens mit Gott, der „göttliche Wille“ ein zentrales Thema ist.

Nach den Erfahrungen dieses Jahres versucht Mutter Mechtilde ein unabhängiges Haus zu finden, um ihre Schwestern von Rambervillers wieder zusammenzuführen. Ihre Suche führt sie in die Normandie.

Dort lernt sie die normannischen Mystiker kennen, von denen besonders Jean de Bernières ihren inneren Weg beeinflußt. Seine Spiritualität ist stark christozentrisch geprägt.

Durch einen befreundeten Jesuiten werden die Schwestern dann jedoch auf ein Haus in St. Maur-des-Fossês bei Paris aufmerksam gemacht. 1643 beginnen sie dort das monastische Leben. Doch schon 1647 wird Mutter Mechtilde für drei Jahre als Priorin nach Caen gewählt, um das Benediktinerinnenkloster Bon Secours zu reformieren. Trotz der Bemühungen, sie zurückzuhalten, verläßt sie danach Caen, um die Leitung der Gemeinschaft in Rambervillers zu übernehmen. Von dort werden sie ein weiteres Mal von den französischen Truppen vertrieben. Mit den ebenfalls verjagten Schwestern aus St. Maur-des-Fossês trifft sie im März 1651 in Paris in der rue de Bac zusammen.

In diesem provisorisch eingerichteten Haus und der von Flüchtlingen übervollen Stadt leben die Nonnen in furchtbarer Not. Dennoch sprechen aus den Aufzeichnungen der Mutter Mechtilde eine im Leben erprobte Hingabe an Gott und seinen Willen und auch Dankbarkeit für seine Treue, die sich ihr so vielfältig zeigt. Hier liegt ein Wendepunkt im Leben der Mutter Mechtilde.

Im Kloster in der rue de Bac findet die durch Flucht und Vertreibung gekennzeichnete Phase ihres Weges ein Ende. Gleichzeitig geht von hier jene Bewegung aus, welche die zweite Hälfte ihres Lebens prägt. In den vorhergehenden Jahrzehnten, getrieben durch die äußeren Umstände, kommt sie mit verschiedenen Zentren lebendiger Spiritualität in Berührung. Diese verschiedenen Einflüsse wachsen in ihr allmählich zu einer persönlichen Synthese zusammen. In dieser Zeit nun gewinnt sie ihre größte Ausstrahlung, und es sammelt sich um sie ein Freundeskreis, dem auch Personen aus der Pariser Aristokratie angehören.

In dieser Gruppe wird die Idee der Gründung der Benediktinerinnen vom Heiligsten Sakrament geboren. Zur damaligen Zeit steht die katholische Bevölkerung Frankreichs unter dem ungeheuer starken Eindruck der begangenen Greuel und Sakrilegien des Krieges. Mehrere einflußreiche Personen aus Staat und Kirche, unter ihnen Königin Anna von Österreich, fördern und unterstützen die Gründung. Schließlich können die Benediktiner von St. Germain-des-Près, die der Reformkongregation von St. Maur angehören, gewonnen werden, die geistliche Betreuung der Gemeinschaft zu übernehmen.

Von dieser Kongregation erhält die Gründung wertvolle Impulse, und es entwickeln sich dauerhafte Beziehungen. So arbeitet der Prior Dom Ignace Philibert mit Mutter Mechtilde die Konstitutionen aus.

Am 25. März 1653 beginnt im Kloster in der rue de Bac die ewige Anbetung, dieser Tag gilt als Gründungstag der „Benediktinerinnen von der Ewigen Anbetung des Heiligsten Sakramentes".

Mutter Mechtilde stellt ihre Gründung unter den Schutz Mariens, die sie in einer alten Andachtsform, die ausgehend von Cluny auch in anderen benediktinischen Klöstern gepflegt wurde, als Oberin und Äbtissin der Klostergemeinschaft verehrt. Demzufolge nennen sich die Oberinnen der Klöster in dieser monastischen Tradition bis heute nicht Äbtissin, sondern Priorin.

In den folgenden Jahrzehnten entstehen mehrere neue Klöster, so in der rue Cassette in Paris (1659), in Toul (1664), Rouen (1677), Warschau/Polen (1688), Châtillon-sur-Loing (1688) und Dreux (1696), andere Benediktinerinnenkonvente schließen sich der Kongregation an, wie Rambervillers (1666), Nancy (1685) und Caen (1685). Nach einem reich erfüllten Leben stirbt Mutter Mechtilde am 6. April 1698 im Alter von 84 Jahren.

Vielleicht können ihre, auf den folgenden Seiten aufgeführten Worte, Mut machen, vertrauend und entschieden einen Schritt weiterzugehen und im Bewußtsein, daß womöglich noch ein langer Weg vor uns liegt, Christus zugewandt, mit sich und den andern liebevoll und geduldig das Leben zu wagen.

Literatur

Catherine de Bar, A l'Ecoute de Saint Benoit, Rouen 1979.

J. Daoust, Das Leben der Catherine de Bar. in Catherine de Bar, A l'Ecoute de Sanit Benoit. Rouen 1979

Jean Leclercq, Eine Schule benediktinischer Spiritualität aus dem 17. Jahrhundert: die Benediktinerinnen von der Ewigen Anbetung. in: Erbe und Auftrag 1982/4, S. 284–300

Leben mit Christus. Geistliches Directorium der Benediktinerinnen von der ewigen Anbetung des Heiligsten Sakramentes. Herausgegeben von der Deutschen Föderation 1982

Mutter Mechtilde vom Heiligsten Sakrament, Geistliche Schriften an die Comtesse de Châteauvieux. Einleitung von Abbe Louis Cognet. Als Manuskript gedruckt 1985

Catherine de Bar, Die Quelle beginnt zu singen. Meditationsanregungen. Johannes Verlag Leutesdorf 1985

André Louf / Meinrad Dufner, Geistliche Vaterschaft. Reihe: Münsterschwarzacher Kleinschriften Bd. 26/1985

Mein liebes Kind, Gott wartet auf Sie. An der Tür Ihres Herzens steht er mit unendlich viel Gnaden, die er Ihnen schenken will. Er wartet darauf, daß Sie ihn einlassen. Mit einer unglaublichen Liebe verlangt er danach – weisen Sie ihn nicht ab. Schon lange verschließen Sie ihm die Tür Ihres Herzens, in dem er Herr sein, wo er allein herrschen will.

Mein liebes Kind, kehren Sie zu ihm um und zwar aus ganzem Herzen. Vertrauen Sie auf seine Güte und Liebe, und – ich gebe Ihnen mein Wort – er wird Sie mit offenen Armen aufnehmen wie ein guter Vater sein Kind. Zögern Sie nicht, denn damit machen Sie es sich immer schwerer. Entschließen Sie sich fest und großmütig, Gott ganz und vorbehaltlos zu gehören, was Sie das auch kosten möge. Fassen Sie diesen Entschluß jeden Morgen und erneuern Sie ihn oft aus tiefstem Herzen, indem Sie Gott beteuern, daß Sie sich um seiner Liebe willen alles auferlegen wollen, was nötig sein wird, die Treue zu bewahren, die Sie ihm auch in den kleinsten Dingen schulden, und koste es das Leben. Sagen Sie Gott, daß Sie im Vertrauen auf die Gnade, die er Ihnen schenken wird, davon niemals ablassen werden.

Dies ist ein innerlicher Akt, der schnell geschehen kann. Ich wünschte, Sie könnten das jeden Augenblick tun. Und ich bin gewiß, es dauert nicht lange, bis Sie die Auswirkungen spüren und darin Kraft und eine besondere Gnade finden, um sich aus der Verfassung herauszureißen, in der Sie stecken. Sie ist viel gefährlicher, als Sie meinen.

Bemühen Sie sich, täglich dem Allerheiligsten einen Besuch zu machen, wenn Sie können mehrmals. Und während Sie sich vor ihm niederwerfen, sagen Sie ihm mit aller Liebe und allem Vertrauen, wozu Sie fähig sind, daß Sie kommen, ihn um Hilfe gegen seine und Ihre Feinde zu bitten, die ihr Möglichstes tun, um Sie von ihm zu trennen. Sagen Sie ihm, daß Sie vor seinem Tabernakel alle Widerstände, Widersprüche, allen Widerwillen und das Böse in ihrer Natur offenlegen wollen, damit er von dieser anbetungswürdigen Wohnung aus einen kleinen Funken seines Feuers sendet, das er dort umschließt. Es verzehre alles in Ihnen, was nicht von ihm her ist und Sie daran hindert, ihm zu gehören. Zeigen Sie ihm aufrichtig, daß Sie ihn ersehnen und auf diese Barmherzigkeit seiner Liebe warten.

Bleiben Sie seiner Allmacht ausgesetzt, damit er in Ihrer Seele auf diese Weise wirken kann.

Seien Sie darin treu, mein liebes Kind, und lassen Sie sich nicht abschrecken, wenn er nicht gleich einkehrt. Warten Sie in Geduld, ohne sich entmutigen zu lassen. Wundern Sie sich nicht über die Verfehlungen, die Sie noch begehen werden, stehen Sie sofort wieder auf und kehren Sie zu Gott zurück, indem Sie ihn um Verzeihung bitten und Ihren Entschluß erneuern – und dann denken Sie nicht mehr über die Sache nach. Bemühen Sie sich, alles innere und äußere Tun so ganz wie möglich zu tun, um Gott zu gefallen. Sie wissen, er will, daß Sie heilig seien. Man darf nicht Geringeres anstreben.

Ich weiß, das wird Sie viel kosten, doch es ist nicht so schwierig zu bewältigen, wie die Versuchung verbunden mit der menschlichen Natur Sie glauben machen will. Nur Mut, mein liebes Kind! Bitten Sie die heilige Mutter Gottes für mich und seien Sie gewiß, daß ich Sie Gott zugehörig wünsche mit derselben Zuneigung und Liebe wie mich selbst. Adieu, mein liebes Kind, ich muß jetzt schließen und empfehle Sie Gott. Bleiben wir gemeinsam in ihm, dann werden wir niemals getrennt.

Nr. 1958 Brief an eine Nonne

Taufe

Es ist nicht nötig, Gott durch eine Vielzahl von Übungen zu suchen. Wer sucht, dem fehlt etwas. Man soll sich jedoch in Frieden und Sanftmut des Geistes an diesem unendlichen Schatz freuen, da wir ihn genauso wirklich besitzen, wie die Heiligen im Himmel. O unendliches Glück, das aber den meisten Christen zu wenig bewußt ist. Den Schatz, den sie besitzen und der ihnen in der Taufe durch Jesus Christus geschenkt wurde, sie kennen ihn nicht.

Nr. 2641 Kapitel im Advent 1663

Gottes Wille

Ich habe weder Tod noch Leben gesucht, ich habe mich damit zufrieden gegeben zu sagen: Gottes Wille geschehe.

Nr. 2918 Vertrauliche Unterredung am 20.5.1695

Was Sie gelegentlich beunruhigt, ist das Verlangen vollkommen zu sein. Sie wollen nicht fallen, denn Sie meinen, daß Ihre vielen Schwächen Sie zurückwerfen. Gedulden Sie sich, bis unser Herr Sie geläutert hat, und bis dahin harren Sie demütig aus unter der Last Ihrer Unvollkommenheiten. Ja, man muß sich sogar damit abfinden, das ganze Leben lang unvollkommen zu bleiben. Für Sie besteht die höchste Vollkommenheit in der Übung einiger Tugenden. Diese sind zwar alle gut und nützlich, doch besteht die Erfüllung der wahren Vollkommenheit in der gänzlichen Hingabe unseres Eigenwillens an den göttlichen Willen, so daß jemand in dem Maß vollkommen ist, wie er dem Willen Gottes unterworfen ist und sich mit ihm im Einklang befindet. Die Seele, die mit dem Willen Gottes übereinstimmt, ist zufrieden. All unsere Unzufriedenheit rührt vom Eigenwillen und den geheimen Anhänglichkeiten her, mit denen wir unseren eigenen Neigungen verhaftet sind.

Nr. 2248 an die Comtesse de Châteauvieux

Der erste Schritt, den Sie im geistlichen Leben machen müssen, ist die Gottesfurcht, eine liebende Furcht, die Ihnen eine große Ehrfurcht vor seiner Hoheit (Majestät) einflößt. Was Sie zunächst zu tun haben ist dies, in allem und überall danach trachten, ihm nicht zu mißfallen. Später, wenn diese Ehrfurcht Ihnen tief eingeprägt ist, werden Sie mit dem heiligen Paulus sprechen: „Herr, was willst du, das ich tun soll? Hier bin ich, deinen Willen zu erfüllen".

Nr. 3015 Ansprache an zwei Postulantinnen (1672)

Sorgen Sie sich nicht wegen der Bußwerke. Dafür wird die göttliche Vorsehung hinreichend Sorge tragen. Halten Sie sich nur frei, ohne an etwas zu hängen – aber immer bereit für das, was der Herr Ihnen schicken will. Nehmen Sie alles aus der Hand Gottes an und nicht von den Geschöpfen, dann bleiben Sie in ihm auch in all den Verdrießlichkeiten, die eintreten werden.

Nr. 359 an eine Nonne im 2. Kloster von Paris

Leben in der Gegenwart Gottes

Nützen wir die Gegenwart in der Furcht, daß wir über die Zukunft nicht verfügen können. Es ist im inneren Leben von Bedeutung, um in kurzer Zeit große Fortschritte zu machen, dem gegenwärtigen Augenblick seine Aufmerksamkeit zu schenken. Dabei versagen die meisten Menschen, denn – oft von der Versuchung getrieben – trachtet unser natürlicher Geist nach dem, was ihm nicht zur Verfügung steht, statt sich um das zu mühen, was die Vorsehung ihm gerade jetzt anbietet.

Schauen wir auf das, was unser Herr im jeweiligen Augenblick von uns will, bleiben wir stets in Ehrfurcht, Liebe und Unterwerfung in seiner heiligen Gegenwart. Verlassen wir niemals diese Haltung unter dem Vorwand nach Höherem zu greifen, sondern lassen wir zu, daß Jesus Christus durch uns handelt und auf seine Weise in uns wirkt.

Nr. 2438 an eine Nonne von Montmartre (1695)

Ich verlasse mich nicht auf unsere Vorsätze, denn unsere Schwachheit hindert uns daran, sie zu halten. Was wir aber tun müssen, um treu zu werden und für unsere Unvollkommenheiten einzustehen, ist, uns nahe bei Gott zu halten, ihn soviel wie möglich im Blick zu haben, ihn immer als gegenwärtig anzuschauen. Hört doch, was er zu Noe sagte, als er aus seiner Arche herauskam, und zu Abraham, nachdem er sein Opfer dargebracht hatte: „Wandle in meiner Gegenwart und sei vollkommen“. Das ist wirklich der kürzeste Weg und das einfachste Mittel, um sich zu vervollkommnen, denn eine Seele, der Gott stets gegenwärtig ist, hütet sich wohl davor, etwas zu tun, das ihm mißfallen könnte.

Nr. 1081 vertrauliche Unterredungen

Um Ihre Absichten zu läutern, sollten Sie bemüht sein, sich in der Gegenwart Gottes zu bewahren. Erinnern Sie sich daran, Sie sind von seiner Unendlichkeit derart umgeben, daß Sie ihr nicht entfliehen können. Sich häufig an Gott zu erinnern, bringt der Seele einen großen Nutzen. Von dieser Gegenwart her gewinnt man den Maßstab für die Vollkommenheit, zu der Gott uns beruft. Wenn Sie das üben, werden Sie glücklich sein. Strecken Sie sich nach Gott aus und bemühen Sie sich von seiner Gegenwart ganz erfüllt zu werden, Sie werden dadurch stärker und Ihre Seele wird dabei mehr Trost erfahren.

Nr. 1025 an eine Nonne in der rue Cassette

Glücklich die Seele, die Gott in sich gefunden hat, sie ist weit glücklicher, als hätte sie die ganze Erde erobert.
Liebe Gott und dann tue was du willst, sagt der heilige Augustinus.

Nr. 2015 Maxime

Ich schaue nur auf den gegenwärtigen Augenblick und hüte mich davor, mich mit dem Folgenden zu beschäftigen. Ihn überlasse ich Gott. Der Grund dafür ist, daß ich sonst nicht nur die Gnade, die der gegenwärtige Augenblick enthält, verlieren würde, weil ich sie nicht nütze, sondern mich tausenderlei Beunruhigungen, Verlegenheiten und Zerstreuungen aussetzen würde, die mir der Blick auf zahllose Dinge bereitet. Zuguterletzt handelte ich nur noch im Geist der Welt und das wäre ein großes Unglück. Es ist natürlich nicht so, daß es für mich keinerlei Ablenkung gäbe von dem, was ich zu tun habe, aber ich entferne mich geschickt davon und gehe ganz allmählich wieder davon weg, wie jemand, der sich aus einer großen Menschenmenge zurückzieht. Und da ich alles Gott überlasse, sehe ich alles in ihm und laß ihn alles nach seinem Willen lenken. Das zu tun ist ein großes Geheimnis im inneren Leben. Wenn man es anders macht, verliert man seinen Frieden und die Gnade, die der gegenwärtige Augenblick und die anstehende Tätigkeit enthält, kurz gesagt – man schafft nichts Rechtes.

Nr. 1021 Sammlung geistlicher Gedanken

Ich wollte, man wäre mutig genug, sein Elend und Fallen und seine Unfähigkeit zu allem Guten einzusehen, ohne sich darüber zu betrüben oder den Frieden zu verlieren, sondern sich ruhig Gott anheim zu geben, der uns gegenwärtig ist, damit wir in ihm das Heilmittel für unsere Fehler finden. Geradeso ist jemand zu tadeln, der von Kopf bis Fuß naß und verdreckt ist und – wenn er sich in diesem Zustand sieht – die Zeit damit verbringt, zu schreien und zu klagen, ohne sich einem warmen Feuer zu nähern, das ihn trocknet. Genauso verhält es sich mit uns! Wenn wir fallen und uns im Elend ansehen, toben wir und stürzen uns in Unruhe.

Dieses Verhalten ist beklagenswert und betrüblich und gar kein Heilmittel für unsere Fehler. Man muß sich diesem feurigen Glutofen der Barmherzigkeit Jesu Christi nähern und in Geduld die Hilfe seiner Gnade erwarten. Um uns aus unserm Elend zu befreien, gibt es nichts Einfacheres als dies: Ein Akt des Glaubens und der Hingabe hilft uns in unseren Anliegen.

Nr. 1651 Sammlung geistlicher Gedanken

Leben Sie treu in der Gegenwart Gottes, ohne sich darüber zu beunruhigen, daß Sie nichts vermögen. Jesus Christus lebt in uns, wir brauchen nichts weiter zu tun, als uns in Demut und Einfalt des Herzens an ihm festzuhalten. Haben Sie keine Hemmung, in der Gegenwart Gottes zu sein, ohne etwas zu tun, denn er will von Ihnen nichts außer Schweigen und Entäußerung.
Sie tun viel, wenn Sie sich vorbehaltlos seiner Allmacht überlassen und hingeben. Seien Sie in dieser Hinsicht treu und nicht traurig wegen Ihrer Zerstreutheit, lassen Sie die vorübergehen. Bleiben Sie nur demütig zu Jesu Füßen und halten Sie sich seiner Gnade für unwürdig.

Nr. 1746 an M. Maria von Jesus Chopinel (1649)

Leben Sie nicht einfach so nachlässig dahin. Nehmen Sie die Gegenwart Gottes wahr, damit Sie, wenn Versuchungen und andere schlechte Gedanken aufkommen, nicht unvorbereitet getroffen werden, sondern etwas haben, um sie zurückzuweisen. Wenn Sie sehen, was Gott für Sie gelitten hat, wird das Sie ermutigen, um seiner Liebe willen zu leiden.

Nr. 377 Vertrauliche Unterredungen (1694)

Umkehr – Buße – Umgang mit der Schwäche

Sie fragen, was nötig ist, damit alle Augenblicke Ihres Lebens Gott gehören. Ich weiß nur, daß sie nicht Ihnen selbst gehören, und Sie auch nicht mehr für sich leben sollen. Fragen Sie mich ‚wie'?, dann antworte ich Ihnen, es geschieht durch Selbstverleugnung in allem und überall – ohne übertriebene Geziertheit und ohne Nachlassen. Wenn Sie meinen, das sei recht hart, antworte ich Ihnen, es muß gerade so sein. Sie werden Jesus Christus ganz und gar finden, wenn Sie sich selbst verlieren, indem Sie sich von sich selbst lösen.

Nr. 1565 Mitteilung an eine Nonne in der rue Cassette

Sie haben so viele Dinge, hinter denen Sie sich verschanzen wollen, beeilen Sie sich und fangen endlich einmal an, sich selbst zu verlassen und das Leben Jesu Christi zu leben. Erbitten Sie von ihm diese Gnade durch die Fürsprache seiner heiligen Mutter.

Nr. 2387 Konferenz zum Jahresbeginn

Laßt uns nicht mehr willentlich untreu werden. Was die Schwächen angeht, so werden wir sie immer haben. Denn wenn selbst der Gerechte siebenmal am Tag fällt, um wieviel mehr wir, die wir keine Gerechten sind? Es liegt nicht in unserer Kraft, Fehler zu vermeiden. Wir sollten aber mindestens bemüht sein, daß sie nur aus reiner Schwäche, das heißt unfreiwillig geschehen. Und wo wir untreu wurden, wollen wir uns sogleich wieder unserm Herrn zuwenden.
Erniedrigen wir uns deswegen vor ihm und vereinen wir uns aufs Neue mit ihm.

Nr. 3157 Konferenz (1695)

Würden wir uns ein wenig beobachten, würden wir den unseligen Hang nach Selbsterhöhung in uns bemerken. Der geringste Anschein einer Demütigung läßt uns verzweifeln, und sogleich suchen wir nach Mitteln und Wegen, sie zu beseitigen. Man will keineswegs getadelt und korrigiert werden, auch soll man uns nicht widersprechen, man will immer nur gelobt sein. Auf diese Weise entfernt man sich sehr von der Wahrheit.

Nr. 2215 Konferenz

Sie haben allen Grund, Gott zu vertrauen. Und wenn Sie ihn beleidigt haben, indem Sie seiner Güte mißtrauten, bitten Sie ihn um Verzeihung. Ein Verbrechen verletzt ihn weniger als das Mißtrauen in seine Barmherzigkeit. Mäßigen Sie Ihre Gefühle, hüten Sie sich vor Mißtrauen – Gott ist Ihr Vater und Retter.
Sehen Sie ihn so an und nicht als einen Tyrannen, wie Sie es scheinbar tun. Warum sollte man davon ablassen zu vertrauen und sich stattdessen in Verzweiflung stürzen? Wie böse Sie auch sein mögen, Gott bleibt Ihr Vater und seine Güte übertrifft in jedem Fall Ihre Bosheit.

Nr. 2004 Vertrauliche Unterredungen (1694)

Meine liebe Schwester, ich kann Ihnen keine körperlichen Bußen aufgeben, stattdessen befehle ich Ihnen, Ihre Launen, Neigungen, und alles Übrige zu kreuzigen, was nicht der rechten Ordnung des Geistes Jesu Christi in Ihnen entspricht. Sie lesen von den Wundertaten in „Chrétien intérieur“ und sehen, daß sie Ihnen helfen. Fahren Sie fort damit und machen Sie das zum Gegenstand Ihres Betens. Seien Sie geduldig bemüht, gesund zu werden, und leiden Sie so wenig wie möglich unter der Kälte. Essen Sie und bleiben Sie fröhlich, denn um Gott recht zu dienen, braucht es eine heilige Freiheit, die von einem fröhlichen Herzen ausgeht.

Nr. 1189 an eine Nonne in der rue Cassette (1677)

Wir legen Ihnen keine körperliche Bußübungen auf. Nehmen Sie die Strapazen Ihrer Arbeit als Buße in dieser heiligen Zeit. Ihre innere Übung soll die Treue sein, die Sie in Ihrem Brief über die kleinen Gelegenheiten zur Abtötung, die die Vorsehung Ihnen schickt, hervorheben. Die Vorsehung wird Sie nicht im Stich lassen. Folgen

Sie ihr liebevoll und ehrfürchtig im Geist des Glaubens. Was Ihr Inneres angeht, bleiben Sie gesammelt und geben Sie nicht der Neugier des menschlichen Geistes nach. Seien sie mutig für Gott, und versuchen Sie sich ihm ganz zu übereignen. Gehen Sie zu unserem Herrn voller Vertrauen wie ein kleines Kind. Er ist Ihr Vater, der Sie wirklich liebt. Meiden Sie in dieser heiligen Zeit überflüssige Worte. Die Nächstenliebe sei in Ihrem Herzen die wichtigste Tugend.

Nr. 1388 an eine Nonne in der rue Cassette

Wir erlauben Ihnen diese Bußen . . . aber ich bitte Sie, alles mit Geist und Sinn zu tun, ohne den hat Ihre Seele keinen Nutzen davon. Es gehört nicht mehr dazu als Augen, Ohren und Zunge zu zügeln. Wenn in einer Ordensperson diese drei Sinne in rechter Weise abgetötet sind, wandelt sie auf dem Pfad der Heiligkeit. Bleiben Sie eingedenk der Versprechen, die Sie unserm Herrn gemacht haben. Seien Sie seinen göttlichen Worten treu. Er sagt Ihnen: „Lerne von mir, ich bin sanftmütig und demütig von Herzen“. Sie werden es in Wort und Werk sein. Verlieren Sie nicht den Mut, sondern haben Sie ein wenig Eifer, unsern Herrn zu lieben, der Ihnen tagtäglich Beweise seiner Liebe schenkt. Wandeln Sie in seiner heiligen Gegenwart und Sie werden vollkommen sein.

Nr. 3005 an eine Nonne

Sie können heftig unter den bösen Eindrücken leiden, die zu spüren sind, wenn unser Herr sie den Mächten der Finsternis überlassen will, – aber es gibt auch dort nur Sünde, wenn unser Wille dem zustimmt. Gut, ja sehr gut ist es, den Abgrund der Sünde in uns zu kennen. Es ist sogar nötig seine schlechten Früchte zu verspüren. Das macht uns nämlich wachsam, so daß wir uns Gott zuwenden, um von ihm die Gnade zu erhalten, in die Sünde nicht einzuwilligen. Gehen Sie Ihren Weg in reiner Einfachheit und werden Sie wie ein kleines Kind in den Armen Gottes, Ihres guten Vaters.

Nr 1331 Konferenz

Seien Sie bemüht, sich bei den Gelegenheiten zu überwinden, die Ihnen die Vorsehung bietet, und überlassen Sie sich keineswegs den Einfällen der Natur – man kann nur siegen, wenn man kämpft.

Nr. 1711 Ansprache bei einer Profeßfeier

Die Heiligen sind nur insoweit erfüllt von Gott, wie sie entleert sind von sich selbst. Ach, wenn man uns auspressen und destillieren würde! Man sähe dann nichts als unsere Eigenliebe! Es gab einmal einen Diener Gottes, der sagte, wenn man ihn auspreßte, käme nur Hochmut heraus. Kommen wir denn niemals von uns selbst los, von unserer eigenen kleinen Welt?
Ach meine Schwestern, dazu bedarf es einer rein göttlichen Kraft. Erbitten wir diese von Gott. Ohne Hilfe können Sie nämlich nicht von sich loskommen. Wann werden wir uns selbst vergessen können? Wann nicht mehr nur an unsere eigenen Interessen denken? Wie kommt es, daß die kleinste Bemerkung uns so stark verletzen kann? Gott läßt es bisweilen zu, daß durch unangenehme Vorkommnisse und etwas, was unserem Eigenwillen zuwiderläuft, unsere Geduld erprobt wird. Wir sollten ihm aber in diesen Kämpfen unsere Liebe und Treue erweisen.

Nr. 1075 Konferenz zum Feste Allerheiligen

Ich erwähne gern etwas, was viele erstaunt: daß nämlich das Weizenkorn zu seiner Wiedergeburt und seinem neuen Leben nur dies beiträgt: in der Erde zu bleiben und zu vergehen. Ebenso soll die Seele im Erdreich ihres Nichts und der eigenen Verderbnis begraben bleiben und mit unendlicher – man könnte sagen großartiger Geduld – den Augenblick ihrer Auferstehung erwarten. Denn der Keim des Lebens, der in ihr verborgen ist, ohne daß sie ihn in dieser Zeit entdecken kann, der kann sein Leben nicht in dieser Erde verlieren, weil er das Leben i s t – ego sum vita – eigentliches, wirkliches Leben. Und wenn die Seele diesen kostbaren Keim nicht durch die Sünde erstickt oder ausreißt, wird er wachsen und eine wunderbare Wiedergeburt in der Seele bewirken. Man muß jedoch sagen, daß das Weizenkorn vermodert in der Erde bleibt, und nur sein Keim neue Frucht bringt. Genauso bleibt auch die Seele begraben und verloren im Erdreich ihres Nichts und dieser Lebenskeim – Jesus Christus – bringt in der Seele unsägliche Dinge hervor, die sich nicht mitteilen lassen. Daher muß die Seele im Tod bleiben, bis sie in Jesus Christus – wie in den Quell des Lebens – eingegangen ist und von ihm erwartet, daß er sich in ihr als das Leben erweist. Das Bild vom Weizenkorn ist ein Gleichnis, das uns der Sohn Gottes im Evangelium geschenkt hat, und er hat es sich selbst zueigen gemacht.

in: Wahrer Geist der Anbetung, Paris 1684

Beharrlichkeit

Ich bin sehr froh über den Entschluß, den Sie fassen. Aber geben Sie sich der Kraft und der Macht

Jesu Christi hin, um durchzuhalten. Wir fangen oft an, aber der Mut zum Weitermachen fehlt. Daher ist es nötig, sich mehrmals am Tag dem Geist Jesu Christi anzuvertrauen, damit wir die Gnade der Beharrlichkeit erlangen und nicht schon bei der ersten schwierigen Situation vom Guten ablassen.

Nr 1448 an Mutter Mechtild Cheuret von Rouen

Eine demütige Seele ist ein Thron Gottes, aber um ein Thron zu sein, bedarf es eines standhaften Geistes. Denn wie jemand nicht auf einem Sessel sitzen kann, der sich bewegt, so kann auch Gott keinen Gefallen finden an einer „wandernden“ Seele, die heute das Gute will und morgen schon nicht mehr, die wohl einen Moment ruhig, bald jedoch wieder in Verwirrung ist. Als Gottes Thron muß man demnach beständig sein!

Es ist einer demütigen Seele eigen, friedvoll, ruhig, freundlich und sanft zu sein, immer in einem Gleichmaß des Geistes. Ein demütiger Mensch gewinnt die Herzen aller.

Nr. 458 Konferenz

Man muß geduldig auf die Bekehrung der Seelen warten. Es ist Aufgabe des göttlichen Geistes, dies zu bewirken. Sie und ich müssen sie in Ihnen mit sehr großer Geduld erwarten, ohne müde zu werden . . . bei all den Arten von Versuchungen, denen Sie ausgesetzt sind, ist das wichtig. Gott schickt sie Ihnen zur Läuterung. Wenn es ihm gefällt, wird er Sie davon befreien oder Ihnen doch die Gnade geben, so durch sie hindurchzugehen, wie er es wünscht. Seien Sie ganz auf Gott ausgerichtet, wie fern er Ihnen auch zu sein scheint, denn schließlich wird er kommen, ganz gewiß. Hören Sie nicht auf, in Vertrauen und Geduld zu seinen Füßen zu seufzen. Man braucht viel, ja sehr viel Beharrlichkeit.

Nr. 1415 an eine Nonne in der rue Cassette

Es braucht Beharrlichkeit, damit die Schwierigkeiten, auf die man trifft, einen nicht mutlos werden lassen. Eines der größten Geheimnisse des geistlichen Lebens, das man nicht vergessen darf, ist dies: um uns zu führen, bedient sich der heilige Geist nicht allein der Erleuchtung, Tröstung, Freundlichkeit, Zärtlichkeit und Erleichterung, die wir erfahren, sondern ebenso der Dunkelheit, Gefühllosigkeit, Traurigkeit, Aufwallen der Leidenschaften und anderer innerer Leiden. Ich sage es noch einmal, dieser Weg der Kreuzigung ist der beste und sicherste Weg. Auf ihm erlangt die Seele am ehesten die heilige Vollendung.

Nr. 544 Konferenz

Leben Sie aus dem Glauben und lassen Sie sich nicht von menschlichen Beweggründen leiten. Stattdessen sei der reine Glaube Ihr Licht und erleuchte Sie in allem. Denken Sie oft daran, Gott ist Ihr Anfang und Ihr letztes Ziel. Überlassen Sie sich ihm vorbehaltlos, nichts auf der Welt – außer Sie selbst – kann Sie von Gott trennen. Alle Kräfte der Erde haben dazu keine Macht. Lesen Sie nach, was der heilige Paulus darüber sagt.

Nr. 2640 an eine Novizin

Gehorsam

Gehen wir zur Praxis über. Es genügt nicht, von Wahrheiten überzeugt zu sein, man muß sie auch in die Tat umsetzen. Deshalb finde ich zweierlei sehr wichtig, nämlich das innere und äußere Schweigen, sowie einen treuen Gehorsam allem gegenüber, was Gott durch die heilige Regel und die Satzungen von uns fordert.

Nr. 2862 Konferenz

Verlassen Sie alles, um zu den gemeinschaftlichen Übungen zu gehen, und sagen Sie nicht: „ich halte Anbetung".
Diese Anbetung wäre Selbstbetrug, wenn sie Sie von einer gemeinschaftlichen Übung und dem Gehorsam abhält, die Sie rufen.

Nr. 1776 Kapitel

Ich bitte Sie, lieben Sie das Gemeinschaftsleben von Herzen. Ja lieben wir das Gemeinsame und lassen wir uns von ihm prägen. Wenn die Glocke läutet, sagen Sie sich: „Es ist mein Gott, der mich ruft und ihm möchte ich gehorchen". Auch wenn Sie einer gemeinschaftlichen Übung nachgehen, sagen Sie sich ganz beherzt: „Mein Gott, ich handle deinem Willen gemäß; gib mir die Gnade, ihn auch wirklich und mit der inneren Einstellung zu erfüllen, wie du es willst".
Das ist ein wunderbares Geheimnis des inneren Lebens: Gott überall finden durch eine liebende Zustimmung zu seinem Willen.
Das Herz findet ganz ungezwungen und natürlich zu dieser Einstellung, denn es ist der Sitz der Liebe. „Ama et fac quod vis".

Nr. 669 an die Gemeinschaft in der rue Cassette

Es war richtig von Ihnen, mir Ihre Empfehlungen mitzuteilen und sie dem Herrn anzuvertrauen, der die Widersprüche nur zuläßt, um uns zu heiligen. Ich will Sie keineswegs verwirren, sondern Sie vielmehr ganz für Gott empfänglich machen, Sie an Ihre Verpflichtungen erinnern und den Geist unserer heiligen Regel in Ihnen erwekken, die unsern sofortigen und schlichten Gehorsam erwartet. Schlimm ist, wie lebhaft unser eigenes Sinnen und Beurteilen ist, und wie mühsam wir uns davon lösen. Trotzdem soll man sich nicht entmutigen lassen. Gott ist es, der Sie ruft, nicht ich. Ich dränge Sie nur, ihn zufriedenzustellen und sich zu heiligen, indem Sie Ihre Seele sich freuen lassen an einem göttlichen Frieden und einer göttlichen Ruhe.

Nr. 3006 an eine Nonne in der rue Cassette

Seien Sie von der fundamentalen Wahrheit überzeugt: Sie gehören nicht sich selbst, durch Ihre Erschaffung sind Sie Gottes Werk und durch Ihre Erlösung der Preis des Blutes Christi. Darum sind Sie nichts aus sich selbst und dürfen nichts zu eigen haben.

Sie haben aus sich nicht ein Fünkchen Leben, keinen Augenblick oder Atemzug, keine Fähigkeit zu irgendetwas, – was immer das auch sei, – was Ihnen nicht nur das Blut des menschgewordenen Gottes erkauft wäre.

Gott erwartet von Ihnen eine solche Kindlichkeit, die Sie ohne jeden Widerstand sein läßt, bereit für alles, was man von Ihnen will, bereit zu sein oder nicht zu sein, zu tun oder zu lassen, was der Gehorsam erfordert.

Nr. 629 an eine Nonne in der rue Cassette

Glauben Sie mir, Ihre Vervollkommnung hängt am Gehorsam. Sie hängt nicht immer an dem, was Sie vorschlagen, mag Ihnen das auch noch so heilig scheinen. Ein Beispiel: Sie möchten beten, aber der Gehorsam heißt Sie schlafen zu gehen. Ich sage Ihnen, Ihr Gebet – wie erhaben das auch sein mag – ist in diesem Falle nur ein Selbstbetrug.

Es sind normalerweise Auswirkungen unseres Stolzes, die uns vom Gehorsam wegziehen, um uns in die Absonderung zu locken. Es gibt Kontemplative, die sind stolz wie Teufel. Ja, meine Schwestern, ich kenne Menschen, die weit fortgeschritten waren im Gebetsleben, und dann wie Sterne vom Himmel fielen, weil sie sich vom Gehorsam entfernten. Das läßt uns zittern, denken Sie nur nicht, daß Gott Sie schon vom Gehorsam entbunden hat, wenn Sie sich mancherlei Erlaubnisse von Ihren Obern erbitten. Keineswegs, es sei denn, es handle sich um Ihre Gesundheit. Ich kann Sie vom Fasten und der Abstinenz dispensieren, nicht aber vom Gehorsam, denn er ist ein Gelübde an den Herrn. Möge er Sie teilnehmen lassen an seinem Gehorsam.

Nr. 1761 Kapitel (1662)

Demut

Zu Ihren Fehlern: Sie können Sie bewußt beachten, um sie in Ordnung zu bringen und sich zu bessern. Ich meine aber, der einfache Blick auf Gott oder das Wissen um diese Versäumnisse im Licht seiner Gegenwart werden Sie eher bessern als die Entschlossenheit.

Nr. 354 an die Comtesse de Rochefort (1661)

Nie wird jemand aus Erfahrung wissen, wie lieblich und köstlich Gott ist, wenn er nicht in eine wirkliche Selbsterkenntnis und heilige Demut hinabsteigt, denn Gott teilt sich den Stolzen nicht mit und bleibt deren Geist unzugänglich. In einem demütigen Herzen jedoch ruht er sich aus.

Nr. 3156 an die Comtesse de Chaetauvieux

Meine Schwestern, das innere Leben ist nicht das, was man sich darüber denkt oder vorstellt. Es besteht nicht in Erleuchtungen oder im Sagen schöner Dinge, auch nicht im vergeistigtem Gebet ohne Gedanken und Aufmerksamkeit, gerade als schwebe man schon über den Dingen. All das ist häufig nichts als phantasievolle Einbildung und Träumerei. Das innere Leben geschieht mitten in den konkreten Übungen der Entäußerung, der Liebe zum Kleinsein, dem gänzlichen Freiwerden von sich selbst und den Geschöpfen. Hat man uns nicht hundertmal gesagt, Gott widerstehe den Stolzen, teile sich unmöglich einem solchen Menschen mit, und das Himmelreich sei für die Kleinen bestimmt? Jesus hat es selbst gesagt, doch sind wir deswegen demütiger? Sie mögen mir vorhalten, ob ich denn die ganze Vollkommenheit in der Demut bestehen lassen wolle und die andern Tugenden nicht für übenswert halte. Meine Schwestern, wenn die heilige Demut in einer Seele wirkt, wird sie alle Tugenden nach sich ziehen. Sie ist eine himmlische Wurzel, die alle Tugenden als Früchte trägt. Ein heiliger Kirchenvater sagte einmal ganz großartig: die Demut ist eine Pflanze, deren Wurzel bis in die Hölle, deren Zweige, Blüten und Früchte aber bis ins Paradies reichen.

Nr. 2721 Kapitelsansprache (1663)

Man braucht eine Menge Geduld, um sich selbst zu ertragen, ganz abgesehen von den vielen Begebenheiten, die sonst noch auszuhalten sind. Man beschimpft Sie? Man beleidigt Sie? Das geschieht, damit Sie sich selbst sagen „Nur Geduld“!
Die Geduld zu üben ist jederzeit notwendig.

Nr. 1055

Die Demut besteht nicht in demütigen Gedanken, sondern darin, das Gewicht der Wahrheit auszuhalten, diesen Abgrund unseres tiefsten Elends, wenn Gott uns den spüren lassen will.

Nr. 1700 an M. Marie de Jesus Chopinel

Die Eigenliebe schadet uns mehr als die ganze Hölle und doch stellen wir alles auf den Kopf, sie zu pflegen, die nur versucht uns ins Unglück zu stürzen. Meinen Sie nicht, die Eigenliebe begnüge sich damit, uns in Sünde fallen zu lassen, wie solche großen Sünder, die bis über den Kopf darin versunken sind. Nein, nein, die Eigenliebe kennt auch Tugenden, nach denen sie strebt, doch dies geschieht nur um ihrer selbst willen. Sie gefällt sich und bewundert sich selbst wie ein Pfau sein Federkleid. Sie meinen vielleicht von derart verblendeten Menschen, sie seien von reiner Gottesliebe ergriffen und ihr ganzes Interesse gelte allein seiner Verherrlichung. Doch tatsächlich haben Sie nur sich selbst im Blick und mühen sich, die Wertschätzung der andern zu gewinnen. Dies wird bei den geringsten Anlässen des Leidens und der Demütigung offensichtlich, wo sie jammern und murren und sich grämen – Zeichen des Stolzes in einem nicht geläuterten Herzen. Jemand, der nur ein wenig wirkliche Demut besitzt, leidet nicht daran.

Nr. 1876 Kapitel (1658)

Wenn Sie wüßten, wie gut es ist, sich vor Gott demütigen zu können. Früher habe ich gern über das folgende Bild nachgedacht: die Menschen, die in Minen nach Gold und Silber schürfen, gehen immer tiefer und tiefer bei ihrer Suche. Genauso muß man es machen, um Gott zu finden. Steigen Sie hinab, steigen Sie immer tiefer hinab bis auf den Grund Ihrer Schlechtigkeit. Gehen Sie darin, soweit Sie können, und glauben Sie

mir, Gott wird Sie an diesem Punkt Ihres Elends suchen und finden, ja noch mehr, er wird dort um Sie werben.
Ich kenne das aus Erfahrung, glauben Sie mir. Ja, dieser gütige Gott wird sich mit Ihnen vereinen, Sie mit seiner Gnade überhäufen, und im tiefsten Elend werden Sie seine unendliche Barmherzigkeit erfahren. Man muß sich nur zu erniedrigen wissen, um ihn in unser Herz zu ziehen.

Nr. 314 vertrauliche Unterredungen

Nichts bezaubert Gott mehr, als ein demütiger Mensch. Er kehrt bei einer solchen Seele genau so schnell ein, wie der Donner auf den Blitz folgt, und wie ein Pfeil von der Armbrust schnellt. Dabei läßt seine Führung Ihnen die Last der Demütigung, damit Sie sich nicht überheben und sich seiner Gaben bewußt bleiben. Und das nur, weil wir so leichtfertig sind, daß wir auf wenig Gnade stolz werden und so vergessen, was wir eigentlich sind. Gott erniedrigt unsern Solz, hält uns klein, läßt uns erkennen, was wir sind. Dafür finden Sie selbst bei den Heiligen Beispiele. Nehmen wir den Heiligen Paulus: der Herr ließ es zu, daß er von Dämonen gepeinigt wurde.

Nr. 659 Konferenz

Schweigen

Das innere und äußere Schweigen sind ein großes Geheimnis und ein ausgezeichnetes Mittel, zur Vereinigung mit Jesus zu gelangen.

Nr. 2998 Sammlung geistlicher Gedanken

Eilen Sie sich nicht so sehr, lenken Sie Ihre Schritte auf den Weg des Friedens, dafür braucht es doch keinen Lärm, nur das Schweigen und das Nichts, um alles in der Ruhe zu bewahren.

Nr. 426 Sentenzen

Unser glorreicher Vater, der heilige Benedikt, macht uns deutlich, um die Disziplin – gemäß der Regel – aufrecht zu erhalten, ist Schweigsamkeit unbedingt notwendig. Ja, in Klöstern, wo sie nicht treu beachtet wird, kann es keine gesunde Spiritualität geben.

Man muß das innere und das äußere Schweigen erlernen. Es ist so nötig, daß ohne dies die Gnade keinen Raum hätte, in einer Seele zu wirken. Hören Sie also mit Reden auf. Lernen Sie schweigen. Sie werden dann die göttliche Stimme vernehmen, die Ihnen eine unbegreifliche Freude schenken wird.

Welcher Schatz ist das Schweigen! Ich erfahre oft selber, wie gut eine tiefe Einsamkeit tut, um Gott zu besitzen und zu kosten.

Nr. 2567 Sammlung geistlicher Gedanken

Seien Sie nicht so schnell damit bei der Hand, sich nach außen zu profilieren. Bleiben Sie in der inneren Einsamkeit ganz auf Gott ausgerichtet, der in Ihnen lebt. Gott ist in uns – der Vater, der Sohn und der Heilige Geist. Alles, was die Herrlichkeit und Freude der Seligen ausmacht, ist bereits in Ihnen. Doch wir kümmern uns so wenig darum, daß unsere Kurzsichtigkeit und Flatterhaftigkeit nur Mitleid verdienen.

Nr. 1218 Konferenz

Ich sehe, wie sehr Sie sich nach dem Schweigen sehnen, und hoffe, der Herr wird es Ihnen eines Tages schenken. Aber ich mache Sie darauf aufmerksam, es bedarf einer großen Ausdauer, danach zu streben. Man soll sich jedoch ganz und gar nicht davon abschrecken lassen, eine Unmenge Widersprüche gegen dieses selige Schweigen in sich zu finden. Denn es enthält soviel Gnade und Glück, daß es wohl die Mühe verdient, die man seinetwegen auf sich nimmt. Lassen Sie niemals davon ab, welche Versuchung Sie auch anfechten mag.

Nr. 1664 an die Comtesse de Châteauvieux

Gott ist Feuer . . . Wollen Sie, daß ich Ihnen sage, was dieses Feuer daran hindert, in Ihnen zu wirken? Das ist die Zerstreutheit. Denn wüßten wir, uns mit Gott in uns zu beschäftigen und das Schweigen zu bewahren, würde uns das viele Gnaden einbringen. Denn es ist ganz gewiß, man kann weder ein geistlicher noch ein innerlicher Mensch sein, wenn man nicht schweigsam ist, sondern allzu schnell zum Reden bereit und sich über alles ausläßt.

Das ist unmöglich, machen Sie sich diesbezüglich nichts vor. Ein innerlicher Mensch liebt das Reden nicht, und man fand wohl noch keinen, der in diesem Punkt nicht zurückhaltend war. Bemühen Sie sich also, das Schweigen zu bewahren, damit Sie beständig in dieser heiligen Sammlung leben, und Sie nichts mehr daran hindert – mögen Sie in Ihrem Zimmer sein oder bei den täglichen Gängen treppauf und treppab – dieses heilige Feuer in sich tragen.

Nr. 2384 Konferenz (1693)

Gottesdienst und Gebet

Meine Schwestern, das göttliche Offizium ist Gottes Werk. Denken Sie nicht, man dürfe es nachlässig verrichten. Man mag sagen: „Was ist

das schon, ein Brevier beten?“ Das ist etwas, was man von morgens bis abends tun kann. Es gibt nichts Heiligeres, nichts weniger bloß-Menschliches, als das Rezitieren des göttlichen Offiziums. Alles dient dazu, Gott zu ehren, der Geist und die Sinne: der Geist merkt auf, die Ohren hören, die Augen sehen, die Zunge spricht, der ganze Leib verneigt sich – alles wird gebraucht bei dieser heiligen Übung. Wir sollen stets mit viel Ehrfurcht, Eifer und heiliger Sammlung zum Offizium gehen. Durch diese drei Dinge muß man sich vorbereiten: Ehrfurcht, Eifer und heilige Sammlung. Das ist Gottesdienst „par excellence“. In der römischen Kirche nennt man es „opus Dei“. Wir vollziehen hier auf Erden, was die Engel im Himmel tun, wo sie Gott unaufhörlich lobpreisen mit ihrem Sanctus . . .
Machen Sie sich bewußt, es ist Gott, zu dem Sie sprechen.
Was sagt Ihnen unser heiliger Vater Benediktus dazu in seiner Regel? Weist er Sie nicht hin auf die Gegenwart Gottes und auf die Ehrfurcht, mit der Sie deshalb psalmodieren sollen?

Nr. 3128 Kapitelansprache

Was das göttliche Offizium angeht, so können Sie Ihre Aufmerksamkeit beim Beten des „Gloria Patri“ erneuern. Der Geist wirft ohne Mühe und Unruhe einen zärtlichen Blick auf Gott, das ist eine kleine Verneigung des Herzens, ein wenig Anhänglichkeit an Gott in aller Herzenseinfalt – es braucht keine großen Umstände.

Nr. 3136 an M. Placida, rue St. Louis (1696)

Das Gebet ist nicht so mühsam, wie Sie meinen. Man muß in der Absicht hingehen, sich ganz Jesus Christus zu überlassen und seinem heiligen

Willen zu unterwerfen, einverstanden mit allem, was er Ihnen nach seinem Willen geben wird, sei es Dunkelheit, Ohnmacht, Unruhe oder Anfechtung. Demütigen Sie sich und bleiben Sie zufrieden mit dem Willen Gottes.

Nr. 2248 an die Comtesse de Châteauvieux

Das Herzensgebet bedeutet nichts anderes, als Gott in seinem Herzen gegenwärtig zu glauben, ihn dort anzubeten und sich ihm liebend zu überlassen. Dieses Gebet bedarf keiner anderen Unterweisung als jener Anregungen, die der Heilige Geist dem Menschen eingibt. Dabei – und hier haben Sie das Geheimnis – ist die göttliche Liebe der Meister und Führer. Niemand sonst soll sich an seine Stelle setzen. Das Herzensgebet bringt der Größe Gottes Liebe und Ehrfurcht entgegen. Die Seele braucht sich nur zu sammeln und sich ganz ruhig mit Gott zu beschäftigen, mehr ist dazu nicht zu sagen. Dabei wird jeder – entsprechend den Wegen und Führungen Gottes – ganz unterschiedliche Wirkungen erfahren.

Wenn der Mensch darin treu ist, löst diese Art des Gebetes eine tiefe Demut und große Einfachheit aus. Sanftmut, Barmherzigkeit, Gelassenheit, all diese Tugenden sind darin enthalten. Im Tun werden Sie es spüren.

Legen Sie Ihrem Geist keinen Zwang auf, folgen Sie Jesus Christus in Demut und Einfachheit.

Nr. 2032 an die Comtesse de Châteauvieux

Meine liebe Schwester, ich habe den Brief gelesen, der Ihre innere Verfassung ein wenig erklärt. Ich sehe, daß Sie sich beim Gebet zuviel Gewalt antun, man muß langsam fortschreiten, ohne wegen der Zerstreutheit – unter der Sie leiden – mutlos zu werden. Um voranzukommen, sollten

Sie sich nicht zu sehr überlasten. Da Sie unseren verachteten Herrn Jesus Christus lieben und ihm zugetan sind, schauen Sie im Geist des Glaubens auf ihn und überlassen Sie sich seiner heiligen Gegenwart. Das Büchlein über das Herzensgebet (Maurice Le Gall de Querdie, lòratoire du coeur ou méthode trés facil pour foire oraison avec Jésus Christ dans le fond du coeur. Paris 1682) könnte Ihnen helfen, und diese Art des Gebetes wird Ihnen gut tun. Einerseits um die Leichtigkeit des Geistes wiederzugewinnen, andererseits wegen der konkreten Übung der Tugenden.
Diese zu starke Anspannung des Geistes wird Ihnen sonst schaden, wenn Sie sich nicht mäßigen. Sie sollen sich innerlich damit beschäftigen, unsern Herrn in irgendeinem Abschnitt seiner Passion zu betrachten, ihn anzubeten und sich mit ihm zu vereinen, bald in stiller Ehrfurcht, bald in einem kurzen, liebevollen Aufblick, jedenfalls immer wieder einmal. Der Blick auf Ihre Treulosigkeit mag nützlich sein, wenn Sie es verstehen, damit umzugehen. Wenn er Sie aber beunruhigt, ist das ein Zeichen, daß Sie sich nicht kennen und zuinnerst noch voll Stolz und Selbstüberschätzung sind. Man braucht sich über die Versuchungen nicht zu wundern, es ist unmöglich sich von ihnen zu befreien. Doch sollten sie uns wachsam halten, damit wir Ihnen nicht nachgeben.

Nr. 710 an eine junge Nonne in Toul

Gott ist Ihnen nichts schuldig; wenn Sie sich beim Gebet abgewiesen fühlen und es Ihnen scheint, als würde Gott Sie mißachten und nicht hören, hüten Sie sich zu murren, als ob Gott Ihnen etwas schuldig wäre. Im Gegenteil, demütigen Sie sich und machen Sie es nicht wie jene, die, sobald sie kein Wohlgefühl oder einen kleinen Anreiz verspüren, der sie ablenkt, den Mut ver-

lieren und sich grämen, als sei alles verloren. Solche Menschen suchen nur sich selbst, nicht aber Gott. –
Aber, so werden Sie mir sagen, ich gräme mich, weil ich glaube, daß meine innere Trockenheit von meiner Treulosigkeit herrührt und ein Zeichen der Ungnade des Herrn ist. Diese Begründung ist nichts als Selbstliebe. Wenn Ihre Treulosigkeit es ist, die das heraufbeschworen hat, sollten Sie es wie eine verdiente Buße ertragen. Man braucht nicht soviel nachzudenken, sondern muß sich geben.
Gehen Sie weiter im reinen Licht des Glaubens und nicht dem unserer eitlen Sinnenhaftigkeit. Lassen wir ab von dieser Haltung, denken wir nur daran, Gott zu genügen. Bewundern wir die Güte, die uns erträgt, diese unendliche Liebe, die er für uns hat. Denken wir nur daran, ihn zu lieben. Das ist das eine Notwendige, alles Übrige ist nichts.

Nr. 2548 an eine Nonne

Weder schöne Erleuchtungen, noch der Geschmack daran machen ein gutes Gebet aus, sondern die Übereinstimmung mit dem Willen Gottes. Gehen Sie zum Gebet, um es Gott recht zu machen, nicht, um Ihre eigene Befriedigung daraus zu schöpfen . . . Hier bin ich, um dich anzubeten. Du bist die unendliche Größe, und das ist meine Freude. Ich bin die äußerste Armut und das größte Elend und bin damit zufrieden.
Was für ein schönes Gebet, sich daran zu freuen, daß Gott ist, der er ist . . .

Nr. 607 vertrauliche Unterredungen (1694)

Wollen Sie gut beten? Bleiben Sie in der Gegenwart Gottes und schauen Sie auf ihn, der in Ihnen ist, beten Sie ihn dort an und vereinen Sie sich mit ihm in Ihrem Innern. Lassen Sie sich nicht von sovielen unnützen Dingen ablenken. – Wenn Sie das tun, werden Sie immer in der Lage sein, gut zu beten.

Nr. 2726 geistliche Gespräche

Die Wüste der gottliebenden Seele ist das Gebet. Sie tritt in sie ein durch das Schweigen und die Loslösung von allen Geschöpfen und sich selbst. Sie wird in einer mystischen WÜSTE das tun, was auch ihr göttlicher Bräutigam dort getan hat. Im Schweigen des Intellekts wird sie sich nach ihrem Gott ausstrecken, sich zu ihm hinwenden und ihm wirklich anhangen. Die Wüste erfordert Trennung von allem und einen tiefen Frieden in der Dunkelheit des reinen und nackten Glaubens.

Nr. 1757 Konferenz zum 1. Fastensonntag

Sie müssen sich im Glauben an den in Ihnen gegenwärtigen Gott fest verankern. Dazu bedarf es keiner Vorstellungen, der einfache Glaube genügt, wenn er nur beständig ist.
Es braucht Beharrlichkeit und Ausdauer zu dieser einfachen Übung. Richten Sie einen kurzen, liebevollen und ehrfürchtigen Blick auf diese erhabene Majestät, die uns zuinnerst gegenwärtig ist. Lassen Sie bisweilen Ihr Herz weit werden, indem Sie ihn anbeten und ihm tausend Beweise der Unterwerfung, des Vertrauens und der Hingabe geben – kurz gesagt, das, was der Heilige Geist Ihnen zu sprechen eingibt. Wenn Sie das in der ganz einfachen Art, wie ich es erklärte, ein wenig praktizieren, wird es Sie nicht beengen und Ihnen auch keine Kopfzerbrechen bereiten, denn das Herz bringt dies ganz sanft hervor. Es

wird in Ihnen eine Gewohnheit werden, in der Gegenwart Gottes zu leben, so gut, daß das Gebet Ihnen keine Anstrengungen mehr sein wird. So werden Sie jederzeit beten, oder zumindest in der Lage sein, es ganz leicht zu tun.

Nr. 345 u. 561 an die Comtesse de Châteauvieux

Amt

Glauben Sie meine teure Mutter, als Oberin darf man nicht meinen, andern überlegen sein zu können. Man muß oft gehorchen, statt zu befehlen. Trauen Sie nicht Ihren eigenen Eingebungen, glauben Sie nicht einmal, daß sie von Gott kommen. Sie könnten sich in einem gefährlichen Irrtum befinden.

Um die Aufgaben dieses Amtes gut zu erfüllen, darf man sich von nichts vereinnahmen lassen, was es auch sein mag, sondern muß allein von dem Wunsch geleitet werden, Jesus Christus in den Herzen herrschen zu lassen, nur in seinem Geist zu sprechen, und allezeit immer von sich selbst losgelöst zu sein.

Das ist das wahre Mittel, den Segen des Himmels auf die Mutter, die Töchter und die ganze Gemeinschaft herabzuziehen.

Nr. 949 an die Priorin des Konventes in Warschau (1695)

Das Amt wäre mir eine unerträgliche Last, wenn Gott mich nicht stützte. Ich weiß nicht, wie die andern es machen, aber ich trage die innere Bürde aller meiner Schwestern. Die geistlichen Schwächen, die kleinen Treulosigkeiten, all das belastet mich vor Gott. Gott gab mir eine zärtliche Liebe und – ich weiß das nicht zu erklären – Mitgefühl für die Leidenden und betrübten Menschen, so, daß sie mir immer geistig gegenwärtig sind und ich sie nicht in Stich lassen kann, solange ihr Leid anhält. Es scheint mir, als habe Gott mich für solche Seelen geschaffen.

Nr. 1944 an die Comtesse de Chêateauvieux

Gemeinschaft

Damit wir gut vorbereitet sind, das kommende Jahr zu beginnen, sollten wir folgendes ernstlich bedenken. Da wir Glieder eines Leibes sind, verletzt eine Nonne, die sich eine Untreue zu schulden kommen läßt, aufgrund der engen Beziehungen zueinander alle ihre Schwestern. Keine kann einen Fehler begehen, ohne daß es die gesamte Gemeinschaft betrifft.

Meine Schwestern, begreifen Sie, wie wichtig das Leben in Frieden, Eintracht und Liebe miteinander ist. Ich wiederhole des öfteren: „Einer trage des andern Last, und so werdet ihr das Gesetz Christi erfüllen", sagt der hl. Paulus. Ertragt einander in der Liebe Christi. Die Verbindung der Glieder untereinander ist so eng, daß eines den Schmerz des andern spürt und sich zumindest müht, ihm zu helfen. Wenn man sich am Fuß verletzt, beugt sich sogleich der Körper, die Augen sehen ihn an, die Hand berührt ihn, alle Glieder wenden sich ihm zu, um ihm Erleichterung zu verschaffen und ihre Hilfe anzubieten. Wenn eine der Schwestern krank ist, soll jede ihr ebenso beistehen: eine, sie zu entschuldigen, eine andere, um zu beten, Anteil zu nehmen, ihr in ihren Schwächen aufzuhelfen. So sollen sie handeln.

Nr. 1240 Friedenskapitel (1672)

Leben aus dem Geist

Wir hätten gern, wenn Gott Wunder wirkte, um uns vollkommen werden zu lassen, ohne daß es uns etwas kostet! Nein, nein, das wird er nicht tun. Er gab uns die Regel, es ist an uns, sie zu befolgen, statt zu behaupten, wir würden auch ohne sie schnell vorankommen. Man wundert sich über die vielen Menschen, die die Vollkommenheit ersehnen – und es gibt so wenige, die sie erlangen. Das liegt daran, daß sie sie auf eine andere Art anstreben, als Gott will. Wenn wir uns einen Weg nach eigenem Gutdünken zurechtlegen, wird unsere ganze Mühe nicht von der Gnade unterstützt. Ein Beispiel: Gott möchte Sie klein, Sie aber wollen erhöht werden. Er will, daß Sie mit einer Leidenschaft oder einer Gewohnheit kämpfen, doch Sie wären am liebsten ohne Mühe frei davon . . Nehmen wir in diesen Dingen unsere Zuflucht zum Heiligen Geist, die Heiligung des Menschen ist ja sein Werk.

Nr. 414 Konferenz zu Pfingsten

Die Erfahrung lehrt uns zur Genüge: man findet nicht auf einen Schlag und ohne das Geschenk einer besonderen Gnade zur inneren Freiheit. Gott verlangt nicht von uns, daß wir Meister sind und uns vom ersten Augenblick seines Rufes an einer gänzlichen Freiheit erfreuen. Er will, daß wir bereit sind, dahin zu gelangen, und darin unermüdlich üben und wirklich entsprechend unseren Möglichkeiten mitarbeiten. So werden wir eines Tages das erlangen, was wir anfangs nur als Wunsch und Ziel vor Augen haben.

Nr. 2479 Geistliche Maxime

Ach, wenn doch jene, die betrübt, beunruhigt und bekümmert sind, den Frieden und die Ruhe von all ihren Leiden zu Füßen dieses anbetungswürdigen Kindes, das der „Friedensfürst" heißt, suchen würden. Glauben wir doch dieser unzweifelhaften Wahrheit, der Friede, den wir des öfteren auf dem Grund unserer Seele spüren, zeigt uns, daß der Herr sich ihrer nähert, um sie in Besitz zu nehmen. Aber, meine Schwestern, oft verwehren wir ihm den Eintritt, indem wir uns nicht genügend der Führung seines göttlichen Geistes überlassen.

Nr. 3060 Konferenz

Sie werden nicht auf einen Schlag vollkommen sein, sondern die Gnade wird Schritt für Schritt ihr Werk vollbringen . . . Es ist wahr, Sie sind noch ziemlich schwach und in den Grundsätzen des wirklichen christlichen Lebens noch nicht richtig zuhause, und beim leisesten Hauch von Widerspruch erlöscht Ihr Licht. Aber lassen Sie sich von solchen Lappalien nicht erschüttern. Halten Sie sich einfach fest am Stamm, an Gott, in dessen Unendlichkeit, Kraft und Stärke Sie wirklich und wahrhaftig gehalten sind. Nehmen Sie bei diesen Gelegenheiten innerlich und liebevoll Zuflucht zu seiner Güte und erbitten Sie in aller Demut von ihm, daß er Ihnen beistehen möge. Überlassen Sie sich zur gleichen Zeit seiner Gnade und seinem Geist, damit er in Ihnen Mut, Kraft, Geduld, Demut usw. bewirke, wie es Ihnen nottut.

Nr. 1387 an die Comtesse de Châteauviex

Wenn der Heilige Geist in unseren Meditationen wirkt, so wird Gott durch die Lektüre wirken, um uns zu erleuchten. Deshalb ordnet die Ordensregel so ausdrücklich die regelmäßige geistliche Lesung an. Das sind die stummen Prediger,

die nicht aufhören, das Herz anzurühren und den Geist zu erleuchten.
Wie auch immer sie uns treffen, ich halte sie für die Wirkungen großer Gnaden. Darum ermuntere ich Sie, damit fortzufahren.

Nr. 469 an M. Placida, rue St. Louis

Kreuz

Tragen Sie ihr Kreuz wie ein Geschenk des Himmels und loben Sie damit den Herrn.

Nr. 2639 Sentenz

Wenn Ihnen das Kreuz zuviel Angst macht, und sie die Liebe vorziehen, so lieben Sie.

Nr. 2401 vertrauliche Unterredungen

Es gibt viele Menschen, die wie Einbrecher mit einem Schlag in den Palast der Vollkommenheit hineinwollen. Sie wollen über das Dach steigen, um zum Höheren und Erhabeneren zu kommen. Aber Gott demütigt sie und bringt sie in Verwirrung. Denn um uns von dieser irrigen Meinung zu befreien, tat Jesus genau das Gegenteil: Er hat uns zunächst nur Kreuz und Leiden angeboten, die er selbst aus Liebe zu uns trug, um uns ein Beispiel zu geben und uns zu ermutigen, ihm zu folgen.

Nr. 2479 geistliche Maxime

Seien Sie mit Christus bekleidet! Wandeln Sie in der Erneuerung des Lebens wie in einer neuen Welt, in der Sie nichts sehen außer Gott und in der Sie nur für ihn leben. Seine Güte wird für alles sorgen, was Sie betrifft, wenn Sie sich nur sorgen, ihm zu gefallen, außer ihm nichts zu wünschen und für seine Ehre zu arbeiten. Seien Sie sicher, Ihre Mühe wird reichlich belohnt. Nehmen Sie immer wieder allen Mut zusammen, lassen Sie sich durch Schwierigkeiten nicht entmutigen. Die Werke Gottes werden nur durch das Kreuz vollbracht.

Nr. 117 an die Kommunität in Warschau 8.9.1687

Ich würde Ihnen niemals raten, sich ein Kreuz zu erbitten, aber ich wünsche, daß sich eine jede treu den Anregungen des heiligen Geistes hingebe, der uns jeden Tag zu tausend Opfern drängt. Bald zur Geduld, bald zur Demut, dann sind es Entbehrungen oder es gibt Dinge zu hören, die uns mißfallen. Ein anderes Mal gilt es die Launen unseres Nächsten zu ertragen, manchmal sogar sie zu entschuldigen. Bei einer anderen Gelegenheit sollen wir die eigenen Stimmungen und Launen aufgeben, unseren Eigenwillen und unsere Beschwerden aufopfern usw. All das sind wirkliche Opfer und dauernde Leiden für einen Menschen, der Jesus Christus lieben will.

Nr. 1708 an eine Nonne in der rue Cassette

In der Krankheit

Sagen Sie dieser jungen Professe behutsam und vertraulich, daß Sie vor Gott erkennen, wie wenig sie ihre Pflicht erfüllt. Sagen Sie ihr, der Orden könne im Krankheitsfall zwar von der Strenge der Observanzen dispensieren, kann es aber niemals vom Streben nach Vollkommenheit, d.h. von der Profeß. Ermuntern Sie sie behutsam, indem Sie mit ihr über die Aufgaben einer kranken Ordensfrau sprechen, damit der Geist auf Gott gerichtet bleibt und sich seiner Führung anvertraut, wenn der Leib nicht fähig ist, die äußeren Pflichten zu erfüllen.

Nr. 359 an eine Nonne in der rue Cassette

Ihre momentane Krankheit ist Ihnen ein Ärgernis, weil Sie vor lauter Elend keinen Platz mehr finden für Ihre Eigenliebe und Selbstüberschätzung. Sie sollten sich Gott in Ihrer Armut unterwerfen und es gutheißen, daß er Sie dort läßt, wo Sie nun bleiben müssen, ohne dabei mutlos zu werden. Seien Sie im Glauben davon überzeugt, daß Gott sein Werk in Ihnen vollbringen will, Sie müssen für die Führung Gottes bereit werden, ohne daß menschliche Überlegungen Sie von der vorbehaltlosen Hingabe an Gott abhalten.

Nr. 306 an eine Nonne in der rue Cassette

Nehmen Sie die heilige Geduld als praktische Übung. Man muß sie immer zur Hand haben, denn man braucht sie oft, ja, eigentlich jederzeit, gleich ob es sich um Leiden des Leibes oder der Seele handelt.

Nr. 2520 vertrauliche Unterredungen 2.5.1695

Umgang mit der Trauer

Ich fühle mit Ihnen. Tun Sie sich keinen Zwang an, Ihre Tränen und Ihren Schmerz zu verbergen. Lassen Sie Ihre Tränen ruhig fließen, das wird noch eine Zeit dauern. Danach wird unser Herr Sie unmerklich mit seiner Kraft anziehen und Sie mit diesem lieben Verstorbenen, der ja in ihm ist, vereinigen. Bitte glauben Sie daran. Aus menschlicher Sicht haben Sie recht, ihn zu bedauern, aber aus göttlicher Sicht ist er selig, und auch

Sie werden eines Tages zu dieser Seligkeit gelangen. Haben Sie Mut. Betrüben Sie sich nicht über Ihren Schmerz, Gott wird ihn segnen. Bemühen Sie sich nur, sich nicht ganz davon niederdrücken zu lassen. Tun Sie Ihr Möglichstes, um zu schlafen und zu essen. Sie brauchen wirklich nicht mutlos zu werden.

Nr. 2969 an Mutter St. Placida, rue St. Louis, März 1694

Vom Tod her leben

Mein Gott! Wir werden in unserer Todesstunde überrascht sein, wenn uns die Wahrheit offenbar wird, wenn wir sehen, wie wir die Zeit und das Leben verbracht haben. Wirklich, wir tun andere Dinge, als wir sollten. Fangen wir an, ganz Jesus zu gehören. Das ist schnell gesagt, aber nicht so schnell getan.

Nr. 2695 an eine Nonne von Montmartre

Wie werden wir im Tod bereuen, daß wir die Absichten Jesu Christi nicht erfüllt haben! Schwestern, warten wir nicht, bis es dazu keine Zeit mehr gibt. Tun wir jetzt, was wir getan haben möchten. Aber, werden Sie erwidern, jemand hat mir etwas Verletzendes gesagt, das mich nun beschäftigt. Hören Sie auf damit, das ist ja eine Bagatelle! Was ist schon ein Wort, ein Hauch, ein Nichts. Ist es überhaupt wert, daß man daran denkt? Gehen wir darüber hinweg, übersehen wir diese Dinge und lassen wir sie beiseite wie Mücken, die vorbeifliegen. Binden wir uns an Gott und kümmern wir uns um seine heilige Gegenwart. Folgen wir in Treue seinem heiligen Willen überall und in allem . . . Das ist ein Mittel, um heilig zu werden durch die Heiligkeit unseres Herrn und seines göttlichen Geistes.

Nr. 2663 Kapitelansprache

Das Wichtigste ist meine Umkehr und die Gnade, gut zu sterben. Das ist der große und wichtigste Schritt unseres Lebens, und Sie sehen, daß man nicht bis zu diesem Augenblick warten darf, sich darauf vorzubereiten.

Nr. 2773 an eine Nonne von Montmartre

MÜNSTERSCHWARZACHER KLEINSCHRIFTEN
Schriften zum geistlichen Leben
ISSN 0171-6360
herausgegeben von Mönchen der Abtei Münsterschwarzach

1	A. Grün OSB, **Gebet und Selbsterkenntnis**	(1979) 56 S. DM 4,80
2	B. Doppelfeld OSB, **Der Weg zu seinem Zelt** Der Prolog der Regula Benedicti als Grundlage geistlicher Übungen	(1979) 64 S. DM 5,40
3	F. Ruppert OSB/A. Grün OSB, **Christus im Bruder**	(1979) 56 S. DM 4,80
4	P. Hugger OSB, **Meine Seele, preise den Herrn**	(1979) 84 S. DM 7,40
5	A. Louf OCSO, **Demut und Gehorsam**	(1979) 55 S. DM 4,80
6	A. Grün OSB, **Der Umgang mit dem Bösen**	(1980) 84 S. DM 7,40
7	A. Grün OSB, **Benedikt von Nursia – Seine Botschaft heute**	(1979) 60 S. DM 5,20
8	P. Hugger OSB, **Ein Psalmenlied dem Herrn** Teil 1: Möglichkeiten des heutigen Psalmengebets	(1980) 72 S. DM 6,80
9	P. Hugger OSB, **Ein Psalmenlied dem Herrn** Teil 2: Impulse zum christlichen Psalmengebet; Psalm 1 – 72	(1980) 80 S. DM 7,60
10	P. Hugger OSB, **Ein Psalmenlied dem Herrn** Teil 3: Impulse zum christlichen Psalmengebet; Psalm 73 – 150	(1980) 80 S. DM 7,60
11	A. Grün OSB, **Der Anspruch des Schweigens**	(1980) 72 S. DM 6,80
12	B. Schellenberger OCSO, **Einübung ins Spielen**	(1980) 52 S. DM 4,80
13	A. Grün OSB, **Lebensmitte als geistliche Aufgabe**	(1980) 60 S. DM 5,60
14	B. Doppelfeld OSB, **Höre, nimm an, erfülle** St. Benedikts Grundakkord geistlichen Lebens	(1981) 68 S. DM 6,80
15	E. Friedmann OSB, **Mönche mitten in der Welt**	(1981) 76 S. DM 7,40
16	A. Grün OSB, **Sehnsucht nach Gott**	(1982) 64 S. DM 6,40
17	F. Ruppert OSB/A. Grün OSB, **Bete und arbeite**	(1982) 80 S. DM 7,80
18	J. Lafrance, **Der Schrei des Gebetes**	(1983) 62 S. DM 6,40
19	A. Grün OSB, **Einreden,** Der Umgang mit den Gedanken	(1983) 78 S. DM 7,80
20	R.-N. Visseaux, **Beten nach dem Evangelium**	(1983) 68 S. DM 7,20
21	J. Main, **Meditieren mit den Vätern** Gebetsweise in der Tradition des J. Cassian	(1983) 56 S. DM 5,40
22	A. Grün OSB, **Auf dem Wege,** Zu einer Theologie des Wanderns	(1983) 72 S. DM 7,40
23	A. Grün OSB, **Fasten – Beten mit Leib und Seele**	(1984) 76 S. DM 7,60
24	G. Kreppold OFMCap, **Heilige – Modelle christlicher Selbstverwirklichung**	(1984) 80 S. DM 7,80
25	G. Kreppold OFMCap, **Die Bibel als Heilungsbuch**	(1985) 80 S. DM 7,80
26	A. Louf/M.Dufner, **Geistliche Vaterschaft**	(1984) 48 S. DM 5,20
27	B. Doppelfeld OSB, **Die Jünger sind wir** Das Leiden Jesu Christi, mit seinen Jüngern erlebt	(1985) 64 S. DM 6,80
28	M. W. Schmidt OSB, **Christus finden in den Menschen**	(1985) 44 S. DM 4,80
29	A. Grün OSB/M. Reepen OSB, **Heilendes Kirchenjahr**	(1985) 84 S. DM 7,80
30	F.-X. Durrwell, **Eucharistie – das österl. Sakrament**	(1985) 74 S. DM 7,40
31	B. Doppelfeld OSB, **Mission**	(1985) 60 S. DM 6,40

32	A. Grün OSB, **Glauben als Umdeuten**	(1986) 66 S.	DM 6,80
33	A. Louf OCSO/A. Grün OSB **In brüderlicher Gmeinschaft leben**	(1986) 54 S.	DM 5,60
34	C. de Bar, **Du hast Menschen an meinen Weg gestellt**	(1986) 54 S.	DM 5,60
35	G. Kreppold, **Kranke Bäume – Kranke Seelen**	(1986) 87 S.	DM 7,80
36	A. Grün OSB, **Einswerden – Der Weg des hl. Benedikt**	(1986) 80 S.	DM 8,80
37	B. Community, **Regel für einen neuen Bruder**	(1986) 48 S.	DM 5,20
38	B. Doppelfeld OSB, **Gemeinsam glauben**	(1986) 60 S.	DM 6,40
39	A. Grün OSB, **Dimensionen des Glaubens**	(1987) 78 S.	DM 8,40
40	B. Jaspert, **Benedikts Botschaft**	(1987) 60 S.	DM 6,40
41	J. Domek OSB, **Gott führt uns hinaus ins Weite**	(1987) 68 S.	DM 7,40
42	B. Doppelfeld OSB, **Sie sind ihm begegnet I**	(1987) 64 S.	DM 7,60
43	B. Doppelfeld OSB, **Sie sind ihm begegnet II**	(1987) 64 S.	DM 7,60
44	Anselm Grün OSB/Petra Reitz, **Marienfeste – Wegweiser zum Leben**	(1987) 80 S.	DM 8,40
45	J. Domek OSB, **Segen, Quelle heilender Kraft**	(1988) 76 S.	DM 8,20
46	Anselm Grün OSB/Michael Reepen OSB, **Gebetsgebärden**	(1988) 72 S.	DM 7,80
47	Emmanuela Kohlhaas OSB, **Es singe das Leben**	(1988) 60 S.	DM 6,80
48	Reinald Rickert OSB, **Kieselsteine**	(1988) 52 S.	DM 6,00
49	Reinhard Abeln/Anton Kner, **Such dir einen Einsamen**	(1988) 44 S.	DM 5,20
50	Anselm Grün OSB, **Chorgebet und Kontemplation**	(1988) 68 S.	DM 7,40
51	Basilius Doppelfeld OSB/Elisabeth Stahl OSA, **Mit Maria auf dem Weg des Glaubens**	(1989) 68 S.	DM 7,60
52	Anselm Grün OSB, **Träume auf dem geistlichen Weg**	(1989) 68 S.	DM 7,80
53	Guido Kreppold, **Die Bergpredigt zwischen Innerlichkeit und Utopie** Teil 1: Der Berg der Wandlung	(1989) 88 S.	DM 9,60
54	Guido Kreppold, **Die Bergpredigt zwischen Innerlichkeit und Utopie** Teil 2: Handeln aus Freude – die 8 Seligkeiten	(1989) 72 S.	DM 7,80
55	Martin Kämpchen, **Du tanzt im Herzen aller Menschen**	(1989) 52 S.	DM 6,00

Weitere Veröffentlichungen in dieser Reihe folgen.

VIER-TÜRME-VERLAG

D-8711 Münsterschwarzach Abtei (09324) 20-292